我迷路了

新雅文化事業有限公司
www.sunya.com.hk

小跳豆
幼兒生活體驗故事系列

跟着跳跳豆和糖糖豆一起經歷成長之旅！

幼兒在成長的過程中，必會遇到大大小小的難題。有些孩子害怕上學，有些孩子會嫉妒弟妹，有些孩子不懂得和別人相處……爸爸媽媽可以怎樣幫助孩子克服這些困難和不安感呢？

《小跳豆幼兒生活體驗故事系列》共 6 冊，透過跳跳豆和糖糖豆的日常生活經歷，帶領孩子學習面對不同的情況，例如在上學的第一天、交朋友、看醫生、迷路、添了小妹妹（或小弟弟）和出現偏食問題的時候，怎樣適當地處理和改善。

書後設有「親子小遊戲」，以有趣的形式幫助孩子學習處理各種難題的方法。「成長小貼士」提供一些實用性的建議予家長，告訴家長當孩子面對心理困擾時，可以怎樣從旁給予孩子引導和幫助，使孩子成為一個愉快、勇敢、自信的好孩子。

讓親子閱讀更有趣！

本系列屬「新雅點讀樂園」產品之一，若配備新雅點讀筆，爸媽和孩子可以使用全書的點讀和錄音功能，聆聽粵語朗讀故事、粵語講故事和普通話朗讀故事，亦能點選圖中的角色，聆聽對白，生動地演繹出每個故事，讓孩子隨着聲音，進入豐富多彩的故事世界，而且更可錄下爸媽和孩子的聲音來説故事，增添親子閱讀的趣味！

「新雅點讀樂園」產品包括語文學習類、親子故事和知識類等圖書，種類豐富，旨在透過聲音和互動功能帶動孩子學習，提升他們的學習動機與趣味！

想了解更多新雅的點讀產品，請瀏覽新雅網頁（www.sunya.com.hk）或掃描右邊的QR code進入 新雅・點讀樂園 。

1. 下載本故事系列的點讀筆檔案

1 瀏覽新雅網頁(www.sunya.com.hk) 或掃描右邊的QR code 進入 新雅・點讀樂園 。

2 點選 下載點讀筆檔案 ▶ 。

3 依照下載區的步驟說明，點選及下載《小跳豆幼兒生活體驗故事系列》的點讀筆檔案至電腦，並複製至新雅點讀筆的「BOOKS」資料夾內。

2. 啟動點讀功能

開啟點讀筆後，請點選封面右上角的 新雅・點讀樂園 圖示，然後便可翻開書本，點選書本上的故事文字或圖畫，點讀筆便會播放相應的內容。

3. 選擇語言

如想切換播放語言，請點選內頁右上角的 粵 ☆ 普 圖示，當再次點選內頁時，點讀筆便會使用所選的語言播放點選的內容。

4. 播放整個故事

如想播放整個故事，請直接點選以下圖示：

5. 製作獨一無二的點讀故事書

爸媽和孩子可以各自點選以下圖示，錄下自己的聲音來說故事！

1 先點選圖示上爸媽錄音或孩子錄音的位置，再點 OK，便可錄音。

2 完成錄音後，請再次點選 OK，停止錄音。

3 最後點選 ▶ 的位置，便可播放錄音了！

4 如想再次錄音，請重複以上步驟。注意每次只保留最後一次的錄音。

孩子請使用
這個圖示錄音

遊樂場

星期天，

爸爸帶着跳跳豆和糖糖豆，

到遊樂場去玩。

遊樂場裏有各種各樣的玩意，
旋轉木馬、摩天輪，
還有小火車。

跳跳豆和糖糖豆最愛坐小火車。

「嘟嘟嘟」，小火車出發了！

跳跳豆和糖糖豆很高興。

跳跳豆和糖糖豆坐過了小火車，

又騎木馬，

又盪鞦韆，

又坐小汽船，

他們玩得開心極了。

跳跳豆和糖糖豆玩累了，
便和爸爸一起
坐在長椅上休息。

這時，有一個小朋友拿着氣球經過，
那個氣球的造型很有趣。
糖糖豆很喜歡那個氣球，
便跟着那個小朋友走開了。

糖糖豆越走越遠。
後來，那位小朋友
被她的媽媽帶走了。
這時，
糖糖豆才想起爸爸和哥哥。

糖糖豆這邊看看，那邊望望，
找來找去，
都找不到爸爸和哥哥，
也找不到原來的長椅。

糖糖豆很驚慌，

淚水在眼睛裏打轉，

她高聲大叫爸爸，

最後哭了起來。

這時，

一位在遊樂場工作的姐姐走過來，

對糖糖豆說：

「小朋友，不用怕，

我和你一起去找爸爸。

你叫什麼名字？」

糖糖豆把名字告訴了姐姐。
姐姐帶她到辦公室，
然後替她廣播找爸爸。

不一會兒，

糖糖豆看見爸爸和跳跳豆，

立刻跑過去摟住爸爸。

爸爸說：「糖糖豆，

你以後不要自己獨個兒走開啊！」

糖糖豆說：「知道了，爸爸。」

小朋友，迷路的時候，我們可以怎樣做呢？在正確做法的圖畫旁畫一顆☆。

1.

一個人在場地裏亂走

2.

只顧不斷大哭

3.

找工作人員幫忙

答案：3

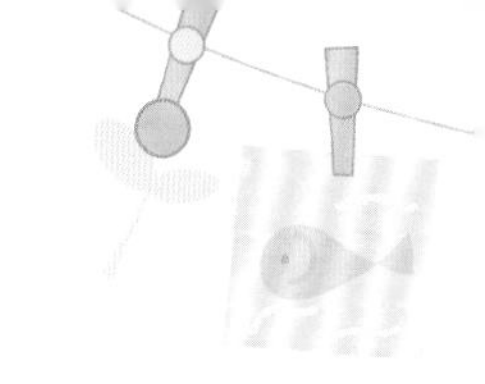

怎樣防止孩子迷路？

- 在孩子學會説話後，父母可以有意識地告訴孩子家裏的地址，爸爸媽媽的姓名，自己叫什麼名字；同時教孩子學習辨別方向，觀察周圍環境的特徵，注意聽廣播，以及在緊急情況下應打什麼電話等，讓孩子學會自我保護的種種方法。
- 當孩子在室外時，父母應該在旁邊看顧，若一時之間有事，也要託付他人，並告訴孩子不要跟不認識的人走，即使是熟人，在爸爸媽媽不在的情況下，也不要跟他走。
- 父母平時可以多教導孩子，要是真的迷路了，不要害怕和哭鬧，用平時父母告知的方法和自己的機智、勇敢尋求幫助。

小跳豆幼兒生活體驗故事系列
我迷路了
原著：辛亞
改編：新雅編輯室
繪圖：何宙樺
責任編輯：趙慧雅、楊明慧
美術設計：劉麗萍
出版：新雅文化事業有限公司
香港英皇道499號北角工業大廈18樓
電話：(852) 2138 7998
傳真：(852) 2597 4003
網址：http://www.sunya.com.hk
電郵：marketing@sunya.com.hk
發行：香港聯合書刊物流有限公司
香港荃灣德士古道220-248號荃灣工業中心16樓
電話：(852) 2150 2100
傳真：(852) 2407 3062
電郵：info@suplogistics.com.hk
印刷：中華商務彩色印刷有限公司
香港新界大埔汀麗路36號
版次：二〇二一年七月初版

ISBN: 978-962-08-7740-7

18/F, North Point Industrial Building, 499 King's Road, Hong Kong
Published in Hong Kong, China
Printed in China